SUN TZU

A ARTE DA GUERRA

AUDIO
BOOK

DIRECIONE A CÂMERA DO SEU CELULAR
PARA ESTE QR CODE E ACESSE O AUDIOBOOK
DESTE LIVRO. REQUER INTERNET.

Conheça os títulos da coleção SÉRIE OURO:

365 REFLEXÕES ESTOICAS
1984
A ARTE DA GUERRA
A DIVINA COMÉDIA - INFERNO
A DIVINA COMÉDIA - PURGATÓRIO
A DIVINA COMÉDIA - PARAÍSO
A IMITAÇÃO DE CRISTO
A INTERPRETAÇÃO DOS SONHOS
A METAMORFOSE
A MORTE DE IVAN ILITCH
A ORIGEM DAS ESPÉCIES
A REVOLUÇÃO DOS BICHOS
ALICE NO PAÍS DAS MARAVILHAS
ALICE ATRAVÉS DO ESPELHO
ANNA KARENINA
CARTAS A MILENA
CONFISSÕES DE SANTO AGOSTINHO
CONTOS DE FADAS ANDERSEN
CRIME E CASTIGO
DOM CASMURRO
DOM QUIXOTE
FAUSTO
GARGÂNTUA & PATAGRUEL
MEDITAÇÕES
MEMÓRIAS PÓSTUMAS DE BRÁS CUBAS
MITOLOGIA GREGA E ROMANA
NOITES BRANCAS
O CAIBALION
O DIÁRIO DE ANNE FRANK
O IDIOTA
O JARDIM SECRETO
O LIVRO DOS CINCO ANÉIS
O MORRO DOS VENTOS UIVANTES
O PEQUENO PRÍNCIPE
O PEREGRINO
O PRÍNCIPE
O PROCESSO
ORGULHO E PRECONCEITO
OS IRMÃOS KARAMÁZOV
PERSUASÃO
RAZÃO E SENSIBILIDADE
SOBRE A BREVIDADE DA VIDA
SOBRE A VIDA FELIZ & TRANQUILIDADE DA ALMA
VIDAS SECAS

Conheça os títulos da coleção SÉRIE LUXO:

JANE EYRE
O MORRO DOS VENTOS UIVANTES

Sun Tzu disse:

"A melhor vitória é vencer sem lutar."

Retrato de Sun Tzu no Museu Militar de Pequim.

DIRECIONE A CÂMERA DO SEU CELULAR
PARA ESTE QR CODE E ACESSE O AUDIOBOOK
DESTE LIVRO. REQUER INTERNET.

Copyright desta tradução © IBC - Instituto Brasileiro De Cultura, 2023

Título original: 孫子兵法
Reservados todos os direitos desta tradução e produção, pela lei 9.610 de 19.2.1998.

6ª Impressão 2025

Presidente: Paulo Roberto Houch
MTB 0083982/SP

Coordenação Editorial: Priscilla Sipans
Coordenação de Arte: Rubens Martim (capa)
Diagramação: Rogério Pires
Revisão: Suely Furukawa
Preparação de Texto: Fabio Kataoka
Pesquisa de imagens e Apoio de Revisão: Renan Kenzo

Vendas: Tel.: (11) 3393-7727 (comercial2@editoraonline.com.br)

Foi feito o depósito legal.
Impresso na China

Dados Internacionais de Catalogação na Publicação (CIP) de acordo com ISBD	
S957a	Sun Tzu
	A arte da guerra / Sun Tzu. - Barueri : Garnier, 2023. 80 p. ; 15,1cm x 23cm.
	ISBN: 978-65-84956-23-0 (Edição de Luxo)
	1. Ciência Militar. 2. Estratégia. 3. Guerra. I. Título.
2023-601	CDD 355.021 CDU 355.01
Elaborado por Vagner Rodolfo da Silva - CRB-8/9410	

IBC — Instituto Brasileiro de Cultura LTDA
CNPJ 04.207.648/0001-94
Avenida Juruá, 762 — Alphaville Industrial
CEP. 06455-010 — Barueri/SP
www.editoraonline.com.br

Sumário

Introdução 7

Capítulo I
始計 Planejamento Inicial 9

Capítulo II
作戰 Guerreando 13

Capítulo III
謀攻 Estratégia ofensiva 17

Capítulo IV
軍行 Disposições 21

Capítulo V
兵勢 Energia 26

Capítulo VI
虛實 Fraquezas e forças 30

Capítulo VII
軍爭 Manobras 36

Capítulo VIII
九變 As nove variáveis 43

Capítulo IX
行軍 Movimentações 48

Capítulo X
地形 Terreno 55

Capítulo XI
九地 As nove situações 60

Capítulo XII
火攻 Ataques com o emprego de fogo 72

Capítulo XIII
用間 Utilização de agentes secretos 76

Estátua de Sun Tzu em Yurihama, Tottori, Japão.

INTRODUÇÃO

A Arte da Guerra e o Empreendedorismo Moderno

A Arte da Guerra permanece uma obra atemporal de estratégia, e seus ensinamentos são surpreendentemente aplicáveis ao mundo dos negócios e ao cotidiano moderno. Embora o livro seja voltado para a guerra, suas lições transcendem o campo de batalha e oferecem *insights* valiosos sobre liderança, planejamento, adaptabilidade e competitividade – qualidades essenciais para o empreendedorismo contemporâneo.

No livro, Sun Tzu destaca que a estratégia é o pilar de qualquer vitória. No mundo empresarial, isso não é diferente. A primeira lição que se pode tirar é a importância de entender o ambiente em que se opera, o que, no mercado atual, pode ser interpretado como o estudo do nicho de atuação, da concorrência e das necessidades dos consumidores. Assim como Sun Tzu aconselha conhecer o inimigo e a si mesmo, o empreendedor precisa conhecer seu mercado e suas próprias forças e fraquezas. O autoconhecimento é fundamental para traçar uma estratégia eficaz e para identificar oportunidades de crescimento.

Sun Tzu também fala sobre a importância da preparação e do planejamento cuidadoso. No empreendedorismo, isso se traduz na criação de um plano de negócios sólido e na antecipação de desafios que possam surgir. O empreendedor que se prepara para diferentes cenários está mais apto a lidar com imprevistos, evitando perdas financeiras e riscos desnecessários. A capacidade de adaptação é outro princípio central em *A Arte da Guerra*. No ambiente empresarial, que muda rapidamente devido a inovações tecnológicas, mudanças nas demandas dos consumidores e crises econômicas, a habilidade de se reinventar é crucial para a sobrevivência de qualquer negócio.

Outro ponto-chave no livro é a valorização do trabalho em equipe. Sun Tzu defende que a vitória depende da coordenação eficiente entre os soldados. Da mesma forma, no ambiente corporativo, o sucesso de uma empresa está diretamente ligado à qualidade de sua equipe e à sinergia entre os colaboradores. Um líder empreendedor eficaz deve saber motivar, delegar e potencializar o talento de seus funcionários, criando um ambiente de trabalho onde todos atuam em direção a um objetivo comum.

Além disso, Sun Tzu enfatiza a importância de tomar decisões rápidas e precisas. No mundo dos negócios, hesitar diante de oportunidades pode resultar na perda de vantagem competitiva. Um empreendedor precisa ser ágil, tomar decisões informadas e saber o momento certo para agir, seja para lançar um novo produto, expandir sua atuação ou cortar custos. Assim como no campo de batalha, a capacidade de tomar a iniciativa é muitas vezes o diferencial entre o sucesso e o fracasso.

A guerra psicológica, um tema recorrente na obra, também pode ser aplicada ao empreendedorismo. Sun Tzu fala sobre a importância de enganar o inimigo e manter a moral elevada. No mundo dos negócios, isso se reflete na criação de uma imagem de marca forte e na capacidade de construir uma percepção positiva no mercado. Um empreendedor precisa cultivar uma narrativa convincente para conquistar a confiança de clientes e investidores, ao mesmo tempo em que neutraliza a influência da concorrência.

Em suma, *A Arte da Guerra* oferece ensinamentos que, quando adaptados ao contexto moderno, podem servir de guia para o empreendedorismo. A estratégia bem planejada, a adaptação às mudanças, a importância do trabalho em equipe e a agilidade na tomada de decisões são princípios que continuam a ser essenciais para quem deseja prosperar em um mercado competitivo. Ao aplicar os princípios de Sun Tzu, o empreendedor contemporâneo pode enfrentar os desafios do mercado com uma visão estratégica e conquistar suas próprias vitórias no mundo dos negócios.

CAPÍTULO I

始計

Planejamento Inicial

Sun Tzu disse:

"A arte da guerra é de importância fundamental para o Estado. Em nenhuma circunstância deve ser negligenciada."

Existem cinco itens importantes que devem ser objeto de contínua meditação:

- A Lei Moral,
- O Céu,
- A Terra,
- O Líder,
- O Método e a Disciplina.

A **Lei Moral** é aquilo que faz com que o povo esteja em harmonia com o seu governante, de modo que o siga aonde for, sem temer por sua vida, sem medo de se expor a qualquer perigo.

O **Céu** significa a noite e o dia, o frio e o calor, o tempo e as estações.

A **Terra** corresponde a distâncias, grandes ou pequenas. Indica perigo e segurança ou campo aberto e desfiladeiros e também as oportunidades de vida e morte.

O **Líder** representa as qualidades de sabedoria, sinceridade, bondade, coragem e retidão.

Método e disciplina indicam a disposição do exército em subdivisões adequadas, as graduações de posto entre os oficiais, a manutenção de estradas por onde os suprimentos devem chegar às tropas e o controle dos gastos militares.

Estes cinco detalhes fundamentais precisam ser conhecidos por cada comandante. Quem conduz os soldados para a batalha deve estar familiarizado com estes cinco fatores. Quem os compreende pode alcançar a vitória. Quem não os compreende será derrotado.

Perguntas que devem ser feitas:

1. Qual povo escolheu seu caminho?
2. Qual comandante tem mais habilidade?
3. Qual dos lados tem a vantagem do clima e do terreno?
4. Qual dos exércitos manifesta uma disciplina mais efetiva?
5. Qual dos lados possui superioridade militar?
6. Qual dos lados tem os soldados mais bem treinados?
7. Qual dos lados possui um sistema de recompensas e de castigos mais justo e claro?

Se ponderarmos com sabedoria estes fatores, poderemos prever o resultado de uma batalha.

O comandante que levar em consideração essas perguntas ou estratagemas ganhará as batalhas e permanecerá à frente de suas tropas. Do contrário, sofrerá derrotas e será afastado.

Dissimulação

Qualquer operação militar tem na dissimulação sua estratégia básica.

Um bom líder deve fingir ser incapaz. Se estiver pronto, deve fingir-se despreparado. Se estiver perto do inimigo, deve parecer estar longe.

Um bom líder deve:
- Oferecer uma isca para fascinar o inimigo que procura alguma vantagem;
- Capturar o inimigo quando ele está confuso;
- Fortalecer-se para encarar o inimigo, se este for poderoso.

Se o inimigo:
- For orgulhoso, provoque-o;
- For humilde, encoraje sua arrogância;
- Estiver descansado, desgaste-o;
- Estiver unido, estimule o desentendimento entre suas tropas.

Um comandante militar deve atacar onde o inimigo está desprevenido e deve utilizar caminhos que, para o inimigo, são inesperados.

Estas táticas são a chave para a vitória dos estrategistas. Contudo, estes fatores não podem ser determinados aleatoriamente, com base apenas em situações que ocorreram em guerras passadas.

O comandante deve ser capaz de ponderar todos estes detalhes com antecedência. O lado que contar mais pontos vencerá; o que contar menos perderá. É pior ainda o que não contar ponto nenhum.

*O texto inicial de **A Arte da Guerra** no clássico livro de bambu.*

CAPÍTULO II

作戰

Guerreando

Sun Tzu disse:

"Quando enviar as tropas para uma batalha, deve considerar que necessitará de mil carros velozes de guerra e mil carros pesados de guerra, além de cem mil soldados."

Procure alcançar uma vitória rápida nas operações militares. Se demorar nas ações, as armas ficarão desgastadas, as provisões insuficientes e as tropas desmoralizadas. Uma batalha longa entorpece o exército, umedece o espírito e o entusiasmo dos soldados. Se você sitiar uma cidade fortificada, terá suas forças esgotadas. Se o seu exército for mantido muito tempo em campanha, as reservas do Estado serão insuficientes.

Tem mais: quando você estiver com suas forças desgastadas, com provisões insuficientes, tropas desmoralizadas, com recursos exauridos, os governantes vizinhos tirarão proveito desta situação e vantagens para atacá-lo. E você, neste caso, mesmo contando com os mais ilustres e sábios conselheiros, não conseguirá garantir um bom resultado na batalha.

Apesar de já termos ouvido falar de campanhas precipitadas e imprudentes, nunca tivemos um exemplo de benefício no prolongamento das hostilidades. Tampouco, ouvimos que uma guerra demorada pudesse beneficiar um país.

Aquele que não compreende os perigos inerentes das operações militares não está profundamente consciente da maneira de como tirar proveito disto.

Um comandante eficiente não faz um segundo recrutamento nem carrega mais de duas vezes seus vagões de suprimentos. Uma vez declarada a guerra, não perderá um tempo precioso esperando reforços, nem voltará com seu exército à procura de suprimentos frescos, mas atravessará a fronteira inimiga sem demora. O valor do tempo é maior do que a superioridade numérica ou os cálculos mais perfeitos com relação ao abastecimento.

Custos da guerra

Quando envia suas tropas para empreender uma guerra em local distante, geralmente o Estado acaba empobrecido. Manter um exército longe custa caro. Onde esse exército estiver estacionado, os preços de artigos subirão; e o preço alto esgotará os recursos financeiros do Estado. Quando os recursos do Estado estiverem se exaurindo, os impostos tenderão a aumentar para angariar mais recursos.

Necessitará de muitas provisões para esta força cobrir uma distância de mil li (mil li = 100 km). Gastará mil barras de ouro por dia para a despesa do Estado e no campo de batalha, incluindo enviados ao exterior e conselheiros. Precisará também de materiais como cola, tinta e armaduras.

Toda a força do Estado será consumida no campo de batalha. Ao final, setenta por cento da riqueza das pessoas serão consumidas e sessenta por cento da renda do Estado serão dissipadas, com carruagens quebradas, cavalos fora de combate, armas danificadas, inclusive armaduras e elmos, arcos e flechas, lanças e escudos, rebanhos, carroças de provisões.

Obtenção das provisões

Consequentemente, um chefe sábio deve se esforçar para obter as provisões no solo inimigo. O consumo de 10 quilos de comida do inimigo é equivalente a 200 quilos da própria e 50 quilos de forragem do inimigo equivale a uma tonelada da sua.

Administração do patrimônio e bens capturados

Se você quer matar o inimigo, você tem que despertar o ódio de seus soldados; se você quer obter a riqueza do inimigo, você tem que saber administrar a distribuição do patrimônio.

Se seu exército captura dez carruagens em uma batalha, você tem que recompensar o primeiro que lhe levou a carruagem do inimigo.

Substitua as bandeiras e estandartes do inimigo por suas próprias bandeiras e misture as carruagens capturadas com as suas.

Ao mesmo tempo, você deverá tratar bem os soldados aprisionados.

As operações militares devem ser conduzidas para uma vitória rápida.

Então, o líder que está versado na arte de guerra torna-se o soberano que pode determinar o destino das pessoas e controlar a segurança da nação.

Armadura usada por soldados antigos, exibida na muralha da cidade em Xi 'an, província de Shaanxi.

Episódio da Guerra Revolucionária da China. O exército revolucionário feminino ataca Nanquim, 2011. Ilustração de T. Miyano

CAPÍTULO III

謀攻

Estratégia ofensiva

Sun Tzu disse:

"Na arte prática da guerra, o melhor de tudo é tomar o país do inimigo inteiro e intacto; quebrá-lo e destruí-lo não é tão bom. Da mesma forma, é melhor recapturar um exército inteiro do que destruí-lo, capturar um regimento, um destacamento ou uma companhia inteira do que destruí-los."

A invencibilidade está em si mesmo, a vulnerabilidade, no adversário.

Comece por dominar um batalhão, uma companhia ou uma esquadra de cinco homens.

Alcançar cem vitórias em cem batalhas não significa o máximo da excelência. Excelência mais alta está em se obter uma vitória e subjugar o inimigo sem, no entanto, lutar.

Política para as operações militares

A melhor política para as operações militares é obter a vitória, atacando a estratégia do inimigo. A segunda melhor política é desintegrar as alianças do inimigo por meio da diplomacia; em seguida, atacar seus soldados, lançando um ataque ao inimigo; mas, a pior política é atacar violentamente cidades fortificadas e subjugar territórios.

- Atacar estratégias
- Atacar alianças
- Atacar soldados

Ataque a cidades

Sitiar cidades é uma tática que só deve ser utilizada como último recurso. É uma operação demorada, que pode levar aproximadamente três meses. Será necessário construir escadas protegidas, preparar os veículos e reunir o equipamento e armamento suficientes. Depois, levarão outros três meses para preparar rampas de terra para alcançar as paredes da cidade.

Se o comandante não puder controlar sua própria ansiedade e der ordens a seus soldados para avançar contra o muro da cidade como formigas, o resultado será que 1/3 deles será sacrificado, enquanto a cidade permanecerá intocada. De fato, aí está a calamidade em se atacar cidades muradas.

Vencer sem lutar

Um líder que está bem instruído em operações militares faz com que o inimigo se renda sem lutar, captura as cidades do inimigo sem atacá-las violentamente. E destrói o Estado do inimigo sem operações militares demoradas.

O prêmio maior de uma vitória é triunfar por meio de estratagemas, sem usar as tropas.

Como usar as tropas

Assim, a lei para usar as tropas é:

- Quando você tiver uma força dez vezes superior ao inimigo, cerque-o;
- Se sua força superar em cinco vezes, ataque-o;
- Quando você tiver duas vezes mais força que o inimigo, enfrente-o pelos dois lados;
- Se suas forças se equivalem, procure dividir as do inimigo;
- Se suas forças forem inferiores, seja hábil em tomar a defensiva;
- Se você for muito mais fraco do que o inimigo, deve saber a hora de empreender uma retirada.
- Se o mais fraco combater sem considerar esta razão de forças, ele será, seguramente, conquistado pelo mais forte.

Valor do comandante

O comandante é o equilíbrio da carruagem do Estado. Se este equilíbrio estiver bem colocado, a carruagem, isto é, a nação será poderosa; se o equilíbrio estiver defeituoso, a nação, certamente, será fraca.

O governante poderá trazer infortúnio para seu próprio exército de três modos:

Primeiramente, se ele ordena um avanço e o seu exército não pode ir adiante, ou emite ordens de uma retirada, desconhecendo que o seu exército não pode se retirar;

Em seguida, se ele interfere com a parte administrativa do exército, sem entender os negócios internos, confundirá os oficiais e soldados;

Em terceiro lugar, quando ele interfere com a parte operacional do exército sem saber os princípios dos estratagemas militares, gerará dúvidas e desentendimentos entre oficiais e soldados.

Tendo o comandante confundido o seu exército e perdido a confiança de seus homens, as agressões dos estados vizinhos não demorarão.

Aí está o significado da expressão: "Lançar a desordem e a confusão em suas próprias fileiras é oferecer um modo seguro para a vitória do inimigo".

Qual oponente sairá vencedor?

Aquele que sabe quando deve ou quando não deve lutar;

Aquele que sabe como adotar a arte militar apropriada de acordo com a superioridade ou inferioridade de suas forças frente ao inimigo;

Aquele que sabe como manter seus superiores e subordinados unidos de acordo com suas propostas;

Aquele que está bem preparado e enfrenta um inimigo desprevenido;

Aquele que é um comandante sábio e capaz, cujo soberano não interfere;

Aquele que conhece o inimigo e a si mesmo lutará cem batalhas sem esmorecer.

Para aquele que não conhece o inimigo, mas conhece a si mesmo, as chances para a vitória ou para a derrota serão iguais;

Aquele que não conhece nem o inimigo e nem a si próprio será derrotado em todas as batalhas.

Dao (sabre) chinês, usado em grande escala no exército da China Imperial.

CAPÍTULO IV

軍行

Disposições

Sun Tzu disse:

"Ser invencível depende da própria pessoa, derrotar o inimigo depende dos erros do inimigo."

Há três maneiras de um governante levar a desgraça ao seu exército:

1. Exigir que a força armada avance ou recue, sem se importar que não poderá ser obedecido. Chama-se a isso estorvar o exército.
2. Tentar comandar um exército da mesma forma que administra o reino, ignorando as condições que prevalecem no exército. Oportunismo e flexibilidade são virtudes militares.
3. Ignorar o princípio militar de adaptação às circunstâncias. Isso abala a confiança dos soldados.

Guerreiros hábeis de antigamente primeiro descartavam a hipótese de derrota. Depois, esperavam as oportunidades para destruir o inimigo.

O guerreiro vence os combates sem cometer erros. Não cometer erros é o que dá a certeza da vitória, pois significa conquistar um inimigo já derrotado.

Ataque e defesa

Quando não há nenhuma chance de vitória, tome uma posição defensiva. Quando há uma chance de vitória, lance um ataque.

Se as condições favoráveis são insuficientes, você deverá se defender; se as condições favoráveis são abundantes, você deverá fazer um ataque.

O especialista em defesa oculta a si mesmo até debaixo da terra. O especialista em ataque golpeia o inimigo de cima das altas esferas do céu. Assim, ele é capaz de proteger-se a si mesmo e obter a vitória.

Condições de uma vitória

A previsibilidade de uma vitória não excede ao bom senso de pessoas comuns.

Uma vitória que é ganha após uma luta feroz, e é louvada universalmente, não é o apogeu da excelência. Assim como o levantar de um fio de cabelo não é sinal de força, como ver o sol e a lua não é sinal de visão aguçada, tampouco escutar um trovão não é dom de audição aguda.

Os antigos diziam que o perito na arte da guerra vencia quando a vitória era facilmente previsível. Assim, uma batalha vencida por um perito não traz reputação de sapiência ou crédito de coragem.

As vitórias do perito são infalíveis, pois, este só combate quando o inimigo já está derrotado e ele, destinado a derrotar.

Portanto, o estrategista ocupa uma posição invencível e, ao mesmo tempo, está seguro de não perder nenhuma oportunidade militar para derrotar o inimigo.

Assim, um exército vitorioso não lutará com o inimigo até que esteja seguro das condições de vitória, enquanto um exército derrotado inicia a batalha e espera obter vitória depois.

O perito sempre entende os princípios de guerra e adota as políticas corretas, de forma que vitória estará sempre em suas mãos.

Elementos importantes na arte da guerra

Deve-se seguir cinco detalhes importantes das regras militares:

- O primeiro é a análise do ambiente;
- O segundo é o cálculo de meios humanos e materiais;
- O terceiro é o cálculo da capacidade logística;
- O quarto é uma comparação da sua própria força militar com a do inimigo;
- O quinto é uma previsão de vitória ou derrota.

Aplicação das regras militares

Um comandante excelente terá a sabedoria para entender que:

- Deve verificar as características físicas de um campo de batalha, dentro da avaliação do ambiente;
- O cálculo da força de trabalho e dos recursos de material serve para as estimativas da quantidade de meios;
- A capacidade logística deve atender às necessidades das provisões;
- Na balança do poder, um dos pesos é baseado na capacidade logística;
- A possibilidade da vitória é baseada na balança do poder.

Um exército vitorioso é como um peso de 100 quilos contra outro de apenas alguns gramas, ao passo que um exército derrotado é como um peso de poucos gramas se opondo a algumas centenas de quilos. O primeiro tem uma vantagem óbvia sobre o segundo.

Um comandante que dispuser de todo aquele peso e lançar seus homens à batalha e obter a vitória será comparado com a força de águas represadas que se lançam para baixo de uma altura de dez mil pés.

Guerreiros de Xi'an, uma coleção de esculturas de terracota, representando os exércitos de Qin Shi Huang, o primeiro imperador da China.

CAPÍTULO V

兵勢

Energia

Sun Tzu disse:

"Administrar um exército grande é, em princípio, igual a administrar um pequeno. Dirigir um exército grande é igual a dirigir uma tropa pequena. É uma questão de comando rígido e sem favoritismo."

Tornar um exército inteiro capacitado a resistir a um ataque sem sofrer derrota depende da aplicação correta das táticas militares.

Ao adotar táticas frontais ou de surpresa, um comandante assegura que seu exército não sofra derrotas frente ao inimigo.

A descoberta dos pontos fortes e fracos permite que o exército caia sobre seu inimigo como uma pedra sobre ovos.

Táticas

Durante uma guerra, o comandante deve adotar táticas ostensivas para confrontar o inimigo e usar táticas de inteligência, se quiser conquistar a vitória.

Imperador Kangxi (1654-1722), membro da dinastia Qing.

O comandante, ao aplicar táticas de inteligência, torna-se tão infinito quanto o céu e a terra e, como o fluxo interminável de um rio. Assim como o Sol e a Lua, ele para e logo recomeça como o movimento da natureza.

Existem só cinco notas musicais, mas as suas combinações produzem as mais agradáveis e maravilhosas melodias que se ouve. Existem só cinco cores básicas, mas combinadas produzem as cores mais bonitas e esplendorosas que se vê. Existem só cinco sabores, mas sua mistura produz os gostos mais deliciosos que se provam.

Vamos lembrar que na China antiga, havia cinco notas musicais, isto é: gongo, shang, jue, zhi e yu; cinco cores básicas: azul, amarelo, vermelho, branco e negro; e cinco sabores cardeais: azedo, salgado, pungente, amargo e doce.

Assim são as operações militares, existem apenas as operações ostensivas e as de inteligência, mas suas variações e combinações darão lugar a uma série infinita de manobras. Táticas ostensivas e de inteligência são mutuamente dependentes e são como um movimento cíclico que não tem nem um começo nem um fim. Quem pode saber sua infinidade?

Vantagens e oportunidades

Uma torrente que flui rapidamente pode fazer saltar pedras pesadas do leito do rio por causa do impulso forte da água.

Um falcão que voa tão depressa quando golpeia pode destruir sua presa, devido à oportunidade e rapidez de sua investida.

Acontece o mesmo com um comandante, que pode explorar sua própria posição de vantagem e lançar um ataque rápido e afiado. O potencial dele é como um arco, completamente esticado, que lança, no momento preciso, a flecha certeira. No tumulto de uma batalha, o seu exército permanece calmo. No caos da guerra, onde as posições mudam constantemente, ele permanece invulnerável.

Exploração das vantagens

A desordem nasce da ordem, a covardia origina-se da coragem e a fraqueza nasce da força. A ordem e a desordem dependem da organização e da logística, a coragem e a covardia dependem das circunstâncias ou da vantagem estratégica, a força e a fraqueza dependem das disposições.

Então, se o comandante deseja que o inimigo se movimente, ele se mostra. O inimigo certamente o seguirá. Se ele quer atrair o inimigo, ele ilude, apresentando algo lucrativo para o inimigo, e o inimigo por certo acreditará. Assim, o comandante oferece ao inimigo pequenas vantagens, mas o espera armado e com toda a sua força.

Um líder qualificado em assuntos de guerra explora sua vantagem estratégica e não a pede aos seus homens. Assim, esse comandante deve saber selecionar os homens certos e explorar uma situação favorável.

Quem explora a vantagem estratégica, dirige seus homens como se fossem troncos ou pedras. A natureza dos troncos ou pedras é permanecer impassível se o solo é plano; ou rolarem se o solo está inclinando; se eles são quadrados, tendem a parar, se são redondos, tendem a rolar.

Assim, a vantagem estratégica do comandante pode ser comparada a uma pedra redonda que rola por uma montanha íngreme de dez mil pés de altura. É este o significado de vantagem estratégica.

Capacete e armadura de pedra, antiga dinastia Qing da China.

CAPÍTULO VI

Fraquezas e forças

Sun Tzu disse:

"Aquele que ocupa o campo de batalha primeiro e espera o inimigo estará descansado; aquele que chega depois e se lança na batalha precipitadamente estará cansado."

Assim, um líder competente movimenta o inimigo e não será manipulado por ele.

Apresente uma vantagem aparente ao inimigo e ele virá até sua armadilha. Ameace-o com algum perigo e você poderá pará-lo.

Então, a habilidade do comandante consiste em cansar o inimigo quando este estiver descansado; deixá-lo com fome quando estiver com provisões; movê-lo quando estiver parado.

Explorando vulnerabilidades

Um comandante e suas tropas podem marchar uma distância de mil *li*, sem se fadigarem, porque a marcha se dá na área onde o inimigo não montou suas defesas.

Guerreiro chinês da dinastia Qing, que governou a China de 1644 a 1912.

Se um comandante ataca com confiança é porque sabe que o inimigo não pode se defender ou fortalecer sua posição. Se um comandante defende com confiança é porque está seguro que o inimigo não atacará com superioridade de forças naquela posição.

Assim, contra o especialista em ataque, o inimigo não sabe onde se defender. Por outro lado, contra um especialista em defesa, o inimigo não sabe onde atacar.

É importante ser extremamente sutil, tão sutil que ninguém possa achar qualquer rastro.

Deve ser extremamente misterioso, tão misterioso que ninguém possa ouvir qualquer informação.

Se um comandante puder agir assim, então, poderá conservar o destino do inimigo em suas próprias mãos.

O inimigo não poderá opor resistência ao seu ataque, se você atacar os pontos fracos dele.

Ao recuar, não pode ser perseguido, porque, movendo-se tão rapidamente, o inimigo não terá condições de perseguir ou alcançar.

Dominando a vontade do inimigo

Quando resolver atacar, o inimigo não terá escolha, mesmo se defendendo com altas muralhas e fossos profundos. Ele será compelido a lutar porque foi atacado onde deve se defender.

Se resolvermos não lutar contra ele, não o faremos, pois, mesmo que a nossa defesa seja apenas uma linha desenhada, o desviaremos para outro objetivo.

Se conseguirmos fazer o inimigo denunciar sua posição, ao mesmo tempo em que ocultamos a nossa, podemos reunir as nossas tropas e dividir as do inimigo.

Se concentrarmos nossas forças em um lugar, enquanto o inimigo dispersa suas próprias forças em dez lugares, então seremos dez contra um quando lançarmos o nosso ataque.

Se tivermos que usar muitos para golpear poucos, então será bastante fácil negociarmos, pois, o inimigo será pequeno e fraco.

Forçando o inimigo a tomar precauções

O lugar que nossas forças pretendem atacar não deve ser do conhecimento do inimigo. Deste modo, se ele não puder prever o lugar do nosso ataque, terá que se precaver em muitos lugares e quando ele toma precauções em muitos lugares, suas tropas serão pouco numerosas, seja em que lugar for.

- Se o inimigo toma precauções na frente, sua retaguarda estará fraca;
- Se ele toma precauções na retaguarda, sua frente será frágil;
- Se sua esquerda estiver fortalecida, sua direita estará debilitada;
- Se sua direita estiver bem preparada, a sua esquerda será destruída facilmente;
- Se ele fortalece em todos os lugares, ele estará fraco em todos os lugares.

Aquele que possui poucas forças tem que tomar precauções em todos os lugares contra possíveis ataques; aquele que tem muitas tropas compele o inimigo a preparar-se contra seus ataques.

Conhecer a hora e o dia da batalha

Se um comandante sabe o lugar e a hora de uma batalha, ele pode conduzir as suas tropas para até mil *li*, mesmo para uma batalha decisiva. Se ele não sabe nem o lugar, nem a hora de uma batalha, então o seu lado esquerdo não pode ajudar a sua direita e a ala direita não pode salvar a esquerda; a tropa da frente não pode auxiliar a tropa da retaguarda, nem a tropa da retaguarda pode ajudar a tropa da frente. E assim será, não importando se as tropas estejam a alguns metros ou dezenas de quilômetros.

Determinando a situação do inimigo

Embora as tropas (inimigas) sejam muito numerosas, de que forma isto poderá ajudá-lo a obter uma vitória para o seu lado?

A vitória pode ser criada. Até mesmo se as tropas do inimigo forem muitas, nós podemos achar um modo de torná-las impossibilitadas de lutar.

Considere e analise a situação do inimigo e onde ele deseja batalhar, assim, você pode ter uma compreensão clara das suas chances de sucesso.

Determine os seus padrões de ataque e de defesa, descubra os seus pontos vulneráveis. Contando o número dos soldados e de cavalos, você pode saber o tamanho da tropa e seus pontos fracos.

Realize combates de menor importância para determinar onde o inimigo é forte e onde ele é vulnerável.

Dom da arte militar

O mais importante dom da arte militar de enganar o inimigo é esconder suas intenções. Assim, mesmo os espiões mais penetrantes do inimigo não poderão espionar e, nem sequer o homem mais sábio poderá conspirar contra você.

Ainda que você torne pública a tática que o levou às vitórias, elas não serão compreendidas. Embora todo o mundo saiba suas táticas vitoriosas, jamais conseguirão aprender como você chegou a definir a posição vantajosa que o levou a vitória.

As vitórias em batalha não poderão, jamais, ser repetidas. As circunstâncias de cada combate são únicas e exigem uma resposta própria e particular.

Táticas militares são como água corrente

Táticas militares são como água corrente. A água corrente sempre se move de cima para baixo, evita o terreno alto e flui para o terreno baixo.

Assim, são as táticas militares que sempre evitam os pontos fortes do inimigo e atacam os seus pontos fracos.

Assim como o rio altera o seu curso de acordo com os acidentes do terreno, o exército varia seus métodos de obter a vitória de acordo com o inimigo.

Do mesmo modo que a água não mantém sua forma constante, também na guerra não há condições constantes.

Aquele que dirige as operações militares com grande habilidade pode obter a vitória empregando táticas apropriadas de acordo com as diferentes situações do inimigo. Tal qual os cinco elementos (metal, madeira, água, fogo e terra), onde nenhum é exclusivamente predominante, as quatro estações, das quais nenhuma dura para sempre; os dias que são ora longos, ora curtos; e a lua, que ora cresce e ora mingua.

*Um livro de bambu chinês, fechado para exibir a capa. Esta cópia de **A Arte da Guerra**, de Sun Tzu, faz parte de uma coleção da Universidade da Califórnia, Riverside.*

CAPÍTULO VII

軍爭

Manobras

Sun Tzu disse:

"Em operações militares, o comandante recebe as ordens do soberano, reúne seus exércitos, formando as unidades, e os mobiliza para confrontar o inimigo. Durante este processo inteiro nada se torna mais difícil do que lutar para colocar-se em uma posição favorável frente ao inimigo."

O segredo está em transformar o desvio em linha reta, o infortúnio em vantagem. Assim, tomar uma longa e tortuosa estrada, após ter atraído o inimigo para fora dela e, ainda que tenha partido depois dele, conseguir chegar ao objetivo antes.

É difícil, porque se trata de transformar um tortuoso caminho em uma estrada reta, transformar uma desvantagem em vantagem.

Exército de terracota em Xi'an, China.

O bom estrategista pode enganar o inimigo, levando-o a percorrer uma rota tortuosa, oferecendo vantagens fáceis; fazendo com que o inimigo chegue depois e seja surpreendido.

Perigos da manobra militar

Na manobra não há só vantagens, mas também perigos.

Se você se esforça para ocupar uma posição favorável em uma batalha e conduz a totalidade de suas forças, naturalmente, você terá a sua velocidade reduzida. Se, porém, você deixa para trás as suas tropas, os seus equipamentos e as suas provisões, isto estará perdido.

Assim, se o seu exército, para obter uma vantagem, tivesse que recolher suas armaduras e deixar suas posições com rapidez, executando uma marcha forçada de mil *li*, sem parar nem de dia, nem de noite, os seus principais comandantes seriam capturados; os seus homens mais fortes e vigorosos chegariam primeiro, os fracos e cansados se desgarrariam. E, deste modo, só 1/10 do exército chegaria na hora certa.

Se eles tivessem que correr cinquenta *li* para procurar uma posição favorável, o comandante das vanguardas estaria perdido e só a metade do exército chegaria lá na hora certa.

Se eles tivessem que correr trinta *li* para lutar por alguma vantagem, só 2/3 chegariam. Todo o mundo sabe que um exército será derrotado pelo inimigo se não tiver equipamentos, provisões ou material de apoio.

Conhecimento pleno

Um líder que não entende as intenções, os enredos e os esquemas dos governantes dos Estados vizinhos não pode fazer alianças com eles.

Um líder que não está familiarizado com as características topográficas das diferentes montanhas e florestas, dos terrenos sujos e dos pântanos, não pode administrar a marcha de um exército.

Um líder que não contrata guias locais não pode obter uma posição favorável no terreno para a batalha.

A arte de manobrar os exércitos

Em operações militares, você pode obter a vitória com estratagemas militares. Você deve manobrar para obter as condições favoráveis, para dispersar ou concentrar o exército de acordo com as circunstâncias.

Um bom estrategista deve ser:

- Tão rápido quanto o vento forte, ao entrar em ação;
- Tão estável quanto as florestas silenciosas que o vento não pode tremer, quando se mover lentamente;
- Tão feroz e violento quanto as chamas furiosas, quando invadir o estado do inimigo;
- Tão firme quanto as montanhas altas, quando estacionar;
- Tão inescrutável quanto algo atrás das nuvens e golpear tão repentinamente quanto o trovão;

Deve dividir suas forças para saquear o território do inimigo, e posicioná-las em locais estratégicos para a defesa do território recentemente capturado.

Deve pesar as vantagens e desvantagens antes de partir para o combate.

Aquele que primeiro domina esta tática obterá a vitória. Assim é a arte de manobrar os exércitos.

Para administrar um exército grande

Um antigo livro sobre guerra, do tempo de Sun Tzu diz que a palavra falada não vai longe o suficiente, por isso se recomenda o uso de gongos e tambores. Nem os objetos comuns podem ser vistos com clareza suficiente: daí a instituição de estandartes e bandeiras.

Gongos e tambores, estandartes e bandeiras são meios pelos quais os ouvidos e os olhos do anfitrião podem ser focalizados em um ponto específico.

Se a visão e a audição convergirem simultaneamente no mesmo objeto, as evoluções de até um milhão de soldados serão como as de um único homem.

Na luta noturna, então, faça muito uso de tiros de sinalização e tambores, e na luta de dia, de bandeiras e estandartes, como um meio de influenciar os ouvidos e os olhos de seu exército.

Regra para administrar o moral

Você pode desmoralizar o inimigo e fazer o seu comandante perder o ânimo. Normalmente, no começo de guerra, o espírito do inimigo é agudo e irresistível. Um certo período depois recusará e afrouxará. Nas fases finais da guerra, ficará fraco, e os soldados estarão sem ânimo para lutar.

O líder hábil sempre evita o inimigo quando a moral dele é alta e irresistível, e o ataca quando ele está cansado e relutante em lutar. Esta é a regra para administrar o moral.

Regra para controlar a força militar

O líder leva as suas tropas para perto do campo de batalha para esperar pelo inimigo que vem de longe; conduz as suas tropas descansadas contra o inimigo exausto, e traz as suas tropas bem-alimentadas contra os soldados inimigos que têm fome. Esta é a regra para o controle da força militar.

Condições mutáveis das táticas

O líder habilidoso nunca se depara contra um inimigo que se alinha em perfeita ordem unida com bandeiras alinhadas e altas, nem ataca um inimigo que adota uma formação de batalha forte e impressionante. Isto mostra que ele tem uma compreensão clara das condições mutáveis das táticas.

Princípios das manobras militares

Alguns princípios das manobras militares:

A batalha de Waganghou (Guerra russo-japonesa). Ilustração de Hermanus Willem Koekkoek.

1. Nunca lance um ataque sobre um inimigo que ocupa um terreno alto;
2. Nem invista contra o inimigo quando há colinas que o apoiam;
3. Nem persiga um inimigo que finja retroceder;
4. Nem ataque forças do inimigo que estão descansadas e fortes;
5. Nunca morda uma isca oferecida pelo inimigo, nem obstrua o inimigo que se retira da frente.
6. Para um inimigo cercado, você deverá deixar um caminho para a saída; e não pressione com muito vigor um inimigo que está acuado e desesperado em um canto sem saída.

Estes são os caminhos para a arte da guerra.

O retorno de Herald, Período Jiajing (1507 - 1567).

CAPÍTULO VIII

九變

As nove variáveis

Sun Tzu disse:

"O general que compreende perfeitamente as vantagens que acompanham a variação de táticas sabe como lidar com suas tropas."

Táticas militares

Ao conduzir as suas tropas, ele não deverá acampar ou estacionar em terreno difícil; ele deverá aliar-se com os governantes dos locais onde a estrada é estrategicamente importante; não deverá demorar-se em terreno aberto; deverá estar preparado com astúcia e com estratagemas quando penetrar em terreno sujeito a emboscadas; deverá lutar com muita agressividade em um terreno do qual não há nenhum modo para avançar ou para entrar em retirada.

Um comandante deve entender claramente estas táticas. Se ele as compreende, então ele conhece sobre as operações militares. Se ele não tem uma compreensão clara dos reais valores destas táticas, ele não saberá usá-las em seu favor, mesmo que esteja familiarizado com a topografia do terreno onde se dará a batalha.

Se um comandante não sabe estas variáveis táticas, ele não poderá obter o máximo de seus soldados, mesmo que conheça as cinco vantagens.

Há algumas estradas que não devem ser percorridas; e inimigos que não devem ser atacados. Há algumas cidades que não devem ser capturadas, alguns territórios que não devem ser contestados, e algumas ordens do soberano que não precisam ser obedecidas.

Ponderando vantagens e desvantagens

Um comandante sábio deve levar em consideração as vantagens e desvantagens. Conhecendo as vantagens, ele terá sucesso nos seus planos. Conhecendo as desvantagens, ele poderá solucionar as dificuldades.

Se você quer subjugar os estados vizinhos, ameace-os com o que eles temem; se você quer mantê-los como servos, utilize a coação; se você quer enganar o inimigo, ofereça-lhe pequenas vantagens.

Em operações militares, esta é uma regra útil: "Nunca confie na probabilidade de o inimigo não estar a caminho, mas dependa de sua própria prontidão para o reconhecer. Não espere que o inimigo não ataque, mas dependa de estar em uma posição que não possa ser atacado".

Fraquezas fatais de um comandante

Há cinco fraquezas fatais de um comandante:

1. Se ele é valente e com descaso pela vida, poderá ser morto facilmente;
2. Se ele é covarde na véspera de uma batalha, será capturado facilmente;
3. Se ele é irritável, será provocado facilmente;
4. Se ele é muito suscetível à honra, estará sujeito a ser envergonhado;
5. Se ele é muito benevolente e preza as pessoas, estará sujeito a se tornar hesitante e passivo.

Estas cinco fraquezas devem ser cuidadosamente observadas e evitadas. São as faltas de um comandante que podem mostrar-se fatais na condução de uma guerra.

A destruição do exército inteiro e a morte dos líderes é o resultado inevitável destas cinco fraquezas fatais.

Estátua de antigo guerreiro, em Hubei, China.

大平門之激戰

(THE REVOLUTION WAR IN CHINA)　NO. 9.

革命軍南京城總攻

中清軍變戰爭畫 其九

Episódio da Guerra Revolucionária da China. A batalha do portão Ta-ping, 1911.

Battle of the Ta-ping Gate at Nanking.

CAPÍTULO IX

行軍

Movimentações

Sun Tzu disse:

"Na arte militar e na boa gestão das tropas, só há, em geral, dois tipos de coisas: aquelas que são feitas em segredo e aquelas que são feitas abertamente. Mas na prática é uma cadeia de operações cujo término não conhecemos, é como uma roda em movimento que não tem início nem fim."

Com relação ao posicionamento do exército

Pegue os nomes de todos os oficiais, tanto superiores como subalternos, escreva-os em um catálogo à parte, com uma nota sobre os talentos e capacidades de cada um, a fim de poder empregá-los com vantagem caso a ocasião se apresente, assim todos os seus comandados serão persuadidos de que sua principal preocupação é preservá-los de qualquer perigo.

Com relação às montanhas

Um comandante tem que observar o seguinte: ao passar por montanhas, deve buscar estar seguro, ficando perto dos vales; selecionar um lugar em solo alto que receba a luz solar para realizar os acampamentos militares e não subir para alcançar o inimigo. Esta é a lei para posicionar-se com relação às montanhas.

Com relação aos rios

Depois de cruzar um rio você deve ficar longe dele. Se os ataques inimigos partem de um rio, não o enfrente na água. Em vez disso, é vantajoso permitir que metade das tropas atravesse, para então os golpear. Se você deseja lutar com o inimigo, não enfrente suas forças de invasão perto de um rio. Em vez disso, selecione um lugar em solo alto que receba a luz solar para tomar posição e nunca acampe no sentido da correnteza do inimigo. Esta é a lei para posicionar-se com relação aos rios.

Com relação aos pântanos salgados

Cruze os pântanos salgados depressa e sem demora. Ao encontrar as tropas do inimigo em um pântano salgado, posicione-se perto da grama com as costas voltadas para a floresta. Esta é a lei para posicionar-se com relação aos pântanos salgados.

Com relação às terras planas

Em locais planos, selecione um lugar acessível, posicione-se com seu flanco direito tendo um campo alto às costas, terras perigosas em frente e solo seguro à sua retaguarda. Esta é a lei para posicionar-se com relação às terras planas.

Estas são as mesmas quatro leis que permitiram que o Imperador Amarelo derrotasse os quatro imperadores (líderes de quatro tribos no tempo do Imperador Amarelo).

Vantagens oferecidas pelo terreno

Todos os chefes preferem estacionar as suas tropas em terreno alto ao invés de terreno baixo; preferem a luz solar em lugar da sombra; e onde colheitas podem crescer e o solo é protegido. As tropas estarão livres de doenças, e isto garantirá vitória.

Ao encontrar colinas ou diques, você deverá estacionar suas tropas no lado do sol, com as colinas ou diques a sua retaguarda. Estas vantagens são oferecidas pelo terreno, cabendo ao comandante saber aproveitá-las.

Cuidados com a natureza

Se uma chuva pesada desaba na parte de cima de um rio e forma torrentes que se apressam até as partes baixas, não cruze o rio, mas espere até que as águas se acalmem.

Quando você encontrar regiões perigosas, nunca se aproxime, e evite-as com rapidez: um desfiladeiro com um rio que corre no fundo; uma barranca, com precipícios perigosos ao redor; solos densamente cobertos com uma mata alta; uma terra pantanosa; e uma passagem estreita entre duas montanhas.

Mantenha-se longe dessas posições e deixe que o inimigo se aproxime delas; mantendo-as a nossa frente, poderemos manobrar e o inimigo as terá pela retaguarda.

Se o exército tiver em seus flancos ravinas escarpadas, pântanos, juncos e cana, montanhas arborizadas com vegetação densa, você deve examinar cuidadosamente e repetidamente para ver se não há emboscadas, ou se existe alguém espionando.

Sinais

Posicionamento das tropas do inimigo:

- Se as tropas do inimigo estão próximas de suas posições e permanecem quietas, é porque a posição não é vantajosa a eles.

- Se as tropas do inimigo estão longe de você e ainda ousam vir e o desafiar a batalhar, é porque elas querem seduzi-lo a fazer um avanço.

- Se as tropas do inimigo estão em um terreno plano, é porque há vantagens práticas nesta posição.

Indícios da natureza

- Se as árvores estão se movendo, o inimigo está avançando para você.

- Se você acha muitos obstáculos escondidos entre a vegetação rasteira, o inimigo está tentando nos confundir.

- Se pássaros levantam voos, o inimigo o está aguardando para uma emboscada.

- Pássaros que se reúnem sobre a área de acampamento do inimigo, sugerem que o acampamento deva estar abandonado e que o inimigo fugira.

- Animais assustados, que correm em disparada, indicam sinal de ataque iminente do inimigo.

- Nuvens de poeira que se erguem altas indicam que as carruagens do inimigo estão se aproximando. Quando a poeira ficar baixa e se espalhar pelo chão, é um sinal que a infantaria do inimigo está chegando. Mas se a poeira for levantada em pontos isolados, então o inimigo está cortando lenha para as fogueiras. A poeira que é baixa e que sobe com intermitência indica que o inimigo está lançando acampamentos.

Negociações

- Se o mensageiro do inimigo fala palavras moderadas, mas as suas preparações de guerra continuam, ele vai avançar.

- Quando o inimigo fala de forma belicosa e ameaça avançar, ele vai se retirar.

- Se o inimigo envia um mensageiro com palavras conciliadoras, é porque possui desejos para uma trégua.
- Quando o inimigo pede uma trégua, mas não sofreu um retrocesso, então está tramando algo.

Formações inimigas

- Quando as carruagens leves do inimigo partirem primeiro e tomarem posição nas alas, significa que o inimigo está organizando a sua formação de batalha.
- Quando os comandantes do inimigo se mostram ocupados e movem-se para organizar as posições dos soldados, a pé e dos veículos armados, então o inimigo está esperando para lançar um ataque decisivo.
- Quando a metade das tropas do inimigo avança e a outra metade recua, significa que o inimigo está tentando nos atrair para uma armadilha.

Comportamento inimigo

- Quando os soldados do inimigo se apoiam nas suas próprias armas, você deduzirá que eles se encontram famintos e fatigados.
- Quando os próprios soldados que trazem água bebem-na primeiro, significa que o inimigo tem sofrido de sede.
- Se os soldados se recolhem em grupos pequenos, cochicham, e todos reclamam, é porque o comandante perdeu o apoio deles.
- Quando mais oficiais ficam irritáveis, o inimigo está cansado de guerra.

Inimigo em desordem

- E se houver uma vantagem e o inimigo não tenta obtê-la, é porque ele está completamente exausto.

- À noite, ouvem-se gritos no acampamento do inimigo, é porque as suas tropas estão com medo e inseguras.

- Quando há desordem no acampamento do inimigo, significa que os seus comandantes perderam o prestígio e a autoridade.

- Quando bandeiras e estandartes mudam constantemente de posição, o inimigo está em desordem.

- Se o inimigo alimenta os seus cavalos com grãos e seus soldados com a carne; quando destrói seus utensílios de cozinha e não mostra qualquer intenção de voltar ao acampamento, quer dizer, ele está desesperado e vai lutar até a morte.

Recompensas:

- Um chefe que recompensa exageradamente os seus soldados, está com problemas.

- Aquele que muito castiga os seus soldados, está com angústias sérias.

- Se ele trata os seus soldados com violência e, depois, teme que eles o traiam, é extremamente inepto.

- Se você castiga soldados que ainda não lhe são devotos, eles não o obedecerão, e se não o obedecerem será difícil utilizá-los. Mas, mesmo com a devoção das tropas, se uma disciplina rígida e imparcial não for reforçada, você também não terá como usá-las.

- Assim, você deverá comandar suas tropas com civilidade e humanidade, para manter seus homens unidos; e com disciplina marcial, para mantê-los na linha. Isso garantirá a lealdade, e você será invencível.

- Se as ordens foram constantemente reforçadas, os soldados serão obedientes, caso contrário, serão desobedientes.

- Se as ordens forem constantemente reforçadas, haverá uma relação complementar de confiança entre o comandante e seus homens.

- Um inimigo que se confronta com você, por muito tempo, sem lutar e nem abandonar sua posição, deve ser considerado com o maior cuidado.

- O que basta é: ser capaz de avaliar sua própria força, ter uma visão clara da situação do inimigo e obter apoio total de seus homens. Aquele que não faz planos ou estratégias, e menospreza o inimigo, seguramente será capturado pelo oponente.

A Grande Muralha da China, construída em 220 a.C. para a defesa contra invasões dos povos do norte vindos da Mongólia e da Manchúria.

CAPÍTULO X

地形

Terreno

Sun Tzu disse:

"Na natureza, existem diferentes tipos de terreno: o acessível, o traiçoeiro, o duvidoso, o estreito, o acidentado e o distante."

Tipos de terreno

O que é terreno acessível? É aquele que se apresenta fácil tanto para as suas tropas como para as do inimigo. Se você entrar em uma região acessível, você deverá ocupar posições altas e ensolaradas e manter suas linhas de provisão desimpedidas. Assim, será conveniente para você lutar com o inimigo.

O que é terreno traiçoeiro? É aquele que é fácil para você entrar, mas difícil para sair. Nesse terreno, se você encontrar o inimigo e ele estiver desprevenido, então você o derrotará. Porém, se o inimigo estiver preparado e se você lançar um ataque, você pode não só ser derrotado, como também terá um terreno difícil para bater em retirada. Essa é a desvantagem desse tipo de terreno.

O que é terreno duvidoso? É aquele que se mostra difícil tanto para o inimigo como para as suas tropas. No terreno duvidoso, mesmo que o inimigo tente atraí-lo para combater, você não deve morder a isca, mas fingir que está em retirada. Quando as tropas do inimigo estiverem, então, a meio caminho, em perseguição a você, você poderá golpeá-los. Esta é a vantagem do terreno duvidoso.

O que é terreno estreito? É aquele que apresenta um vale entre duas montanhas. Se você ocupa este tipo de terreno, você deverá bloquear as passagens estreitas com guarnições fortes e esperar pelo inimigo. Se o inimigo ocupou esse terreno antes e bloqueou estas passagens estreitas, você não deverá persegui-lo. Se o inimigo não bloqueou essas passagens, você poderá procurá-lo.

O que é terreno acidentado? É aquele que contém rios, montanhas, escarpas, colinas e cristas. Se você atingir um terreno alto e acidentado antes do inimigo, você deverá ocupar uma posição alta, do lado ensolarado, e esperar pelo inimigo que se aproxima. Se as forças inimigas controlarem este tipo de terreno, você deverá retirar suas tropas, e não o perseguir.

O que é terreno distante? É aquele que apresenta distâncias consideráveis entre os campos oponentes. Neste tipo de terreno, se as vantagens de suas tropas e das tropas inimigas se equivalem, certamente, não será fácil atrair o inimigo para uma batalha. Do mesmo modo, será desvantajoso levar a batalha até ele.

Portanto, estes são os modos para tirar proveito dos seis tipos diferentes de terreno para lutar. Os comandantes têm a responsabilidade mais alta para investigá-los cuidadosamente.

Seis situações que apontam a derrota de um exército

Um comandante deverá saber as seis situações que apontam a derrota de um exército:

1. Quando os soldados fogem;
2. Quando eles possuem disciplina negligente;
3. Quando o exército está deteriorado;

4. Quando se desmorona sob a insurgência;

5. Quando é desorganizado

6. Quando foi derrotado.

Nenhuma destas situações é consequência de catástrofes naturais, elas são decorrentes das falhas dos comandantes.

Quando as vantagens estratégicas são iguais, entre você e seu inimigo, e se o seu exército tiver que lutar contra uma força dez vezes maior, o resultado será a sua fuga.

Quando os soldados são valentes e qualificados, mas os oficiais são fracos e incompetentes, então o exército inteiro será negligente quanto à disciplina.

Quando oficiais são valorosos e competentes, mas os soldados são fracos e sem treinamento, o exército ficará deteriorado.

Quando os oficiais mais graduados têm rancores contra os chefes, eles são insubordinados e, ao encontrarem o inimigo, se precipitarão em uma batalha sem autorização. Se ao mesmo tempo, o chefe é ignorante das suas habilidades, então o exército se desmoronará.

Quando o líder é fraco, incompetente e não impõe respeito, quando oficiais e soldados se comportam de um modo indisciplinado, quando falta treinamento formal e instruções claras, quando formações militares são desordenadas, o exército está desorganizado.

Se um líder não calcula a força do inimigo e emprega uma força pequena contra um exército grande, combate um inimigo forte com tropas fracas, e ao mesmo tempo não seleciona unidades de vanguarda, o resultado será a derrota.

Portanto, estas seis situações são as causas de derrota. Os comandantes têm a responsabilidade mais alta para investigá-las cuidadosamente.

Deveres básicos de um comandante

Em operações militares, o terreno é um aliado importante do comandante. Avaliar, corretamente, a situação do inimigo, criando condições favoráveis para a vitória, e analisar os tipos de terreno e distâncias com muito cuidado, são os deveres básicos de um comandante sábio.

Aquele que avalia corretamente esses aspectos e sabe aplicá-los, vencerá; aquele que é ignorante nestas normas e não sabe como empregá-las em guerra, será derrotado.

Se, ao estudar a situação existente e estar certo de que o resultado da batalha resultará em vitória, um chefe sábio decidirá lutar, mesmo se o soberano não lhe ordena. Reciprocamente, se a situação aponta uma derrota, ele decidirá não lutar, mesmo se o soberano assim o ordena.

Se um comandante avança sem buscar a fama pessoal e retrocede sem se eximir da responsabilidade; se sua preocupação é proteger a população e a segurança das pessoas e promover os interesses do soberano, então, aí está um chefe que é tal qual uma pedra preciosa do Estado.

Se o comandante se preocupa com seus soldados como se fossem crianças, eles o acompanharão até os lugares mais profundos; se ele os trata afetuosamente, como se fossem os seus próprios filhos amados, então, eles estarão dispostos a morrer com ele na batalha.

Se o comandante favorece os seus homens, mas não sabe usá-los; os arma, mas não pode comandá-los; e quando eles violam leis e regulamentos, ele não os castiga ou chama-os à ordem, tais soldados são como crianças mimadas e serão inúteis para batalha.

Conhecendo a situação

Um comandante que só conhece a capacidade de suas tropas, mas não sabe a invulnerabilidade do inimigo, terá só metade das chances de vitória.

Um comandante que sabe que o inimigo pode ser derrotado, mas não sabe a inabilidade das suas próprias tropas, também terá só metade das chances de vitória.

Um comandante que sabe que o inimigo pode ser derrotado e que suas próprias tropas têm a capacidade para atacar, mas não sabe que as condições do terreno são inadequadas para a batalha, as suas chances de vitória estarão reduzidas pela metade.

Assim, um comandante habilidoso movimentará suas forças sempre no caminho certo e quando entrar em ação, seus recursos serão ilimitados.

Assim se diz: "Conheça o inimigo e a si mesmo e você obterá a vitória sem qualquer perigo; conheça o terreno e as condições da natureza, e você será sempre vitorioso".

Estátua de Gengis Khan, líder militar que mais conquistou territórios na história. A estátua está localizada no Distrito Cultural West Kowloon, Hong Kong.

CAPÍTULO XI

九地

As nove situações

Sun Tzu disse:

"Em operações militares, o terreno pode ser classificado de acordo com nove posições geográficas e que interferem no modo de executar as operações militares. Desta forma, os tipos de terreno são os seguintes: o dispersivo, o marginal, o contencioso, o aberto, o convergente, o crítico, o difícil, o cercado e o desesperado."

A arte da guerra reconhece nove situações táticas que poderá enfrentar, conforme o terreno.

1. Dispersivo: quando um governante empreende uma campanha no seu próprio território, o lugar é chamado dispersivo.
2. Marginal: o território inimigo no qual ele entra, mas não penetra profundamente, é chamado marginal.

3. Contencioso: o território cuja ocupação for favorável, tanto para o inimigo quanto para nossas forças, é chamado de terreno contencioso.

4. Aberto: o terreno que é acessível para ambos os lados é chamado terreno aberto.

5. Convergente: um território onde vários Estados vizinhos se encontram e que possui cruzamentos importantes é chamado de convergente. Aquele que adquire o seu controle por primeiro, obterá aliança com os demais vizinhos.

6. Crítico: quando um governante penetra profundamente em território hostil, depois de ter atravessado muitas cidades inimigas encontra-se em território crítico.

7. Difícil: um terreno com altas montanhas, florestas densas e pântanos impenetráveis ou qualquer lugar onde é difícil viajar é chamado terreno difícil.

8. Cercado: um terreno para o qual o acesso é estreito e qualquer retorno exige um desvio, de forma que uma tropa, mesmo pequena, bastará para derrotar um exército grande, é chamado terreno cercado.

9. Desesperado: um terreno onde apenas uma batalha desesperada e com todas as suas forças o salvará, mas que se você falhar, será derrotado e destruído, é chamado terreno desesperado.

Conduta nos diferentes tipos de terreno

Portanto, nunca lute em terreno dispersivo; nunca permaneça em terreno marginal; nunca ataque um inimigo que primeiro alcançou um terreno contencioso; nunca permita que se bloqueiem as comunicações do exército em terreno aberto; forme alianças com governantes de estados vizinhos em terreno convergente; saqueie os recursos do inimigo para as suas provisões em território crítico; atravesse, rapidamente, os terrenos difíceis; elabore planos e estratagemas para atravessar os terrenos cercados; e trave uma batalha com todas as suas forças.

Táticas antigas

Antigamente, os comandantes qualificados nas operações militares buscavam:

- Impedir que a vanguarda e a retaguarda dos inimigos estabelecessem contato;
- Impedir que o corpo principal do inimigo e suas divisões pequenas se apoiassem mutuamente;
- Impedir que os oficiais e os subordinados do inimigo se apoiassem mutuamente e se comunicassem entre si;
- Dispersar os soldados inimigos de modo que eles não pudessem se concentrar, e caso se reunissem, não pudessem se juntar em grupamentos.

Os comandantes habilitados avançariam quando a situação lhes fosse favorável e permaneceriam estacionados quando a situação lhes fosse desfavorável.

Ao ser perguntado: "Se o inimigo vem atacá-lo com um grande e bem ordenado exército, como você lidaria com isto?"

A resposta é: "Capture algo que ele preza e ele se curvará aos seus desejos".

Essência das operações militares

A essência das operações militares é a velocidade das ações e a exploração das vulnerabilidades do inimigo, indo por caminhos que ele não espera e atacando onde ele não está preparado.

Princípios gerais para fazer a guerra em território inimigo

Os princípios gerais para se fazer guerra em um território inimigo são os seguintes:

Quanto mais você penetrar em território hostil e seus soldados estiverem coesos, mais difícil será para os defensores o derrotar;

Se você penetrar em uma terra fértil, você deverá saquear os campos inimigos, pois, isto garantirá provisões para seus homens;

Alimente seus soldados e não os desgaste, mantenha o moral alto e conserve as suas energias;

Movimente suas tropas com táticas engenhosas de forma que o inimigo não possa prever seu estratagema;

Você deverá lançar seus soldados em situações das quais não há nenhuma chance de retirada, e de onde eles não fugirão, nem sequer quando estiverem enfrentando a morte.

E quando os soldados não tiverem medo de morte, não haverá nada para eles temerem e eles darão o máximo de si em seus combates.

Soldados que penetram profundamente em território inimigo ficarão destemidos, não haverá nenhuma estrada para eles se retirarem, e eles permanecerão firmes.

Estando em território inimigo, eles estarão coesos. Nesse terreno, não há nenhuma escolha e todas as lutas serão como uma batalha desesperada.

Assim, tais soldados não precisam de nenhum treinamento para serem vigilantes. Eles farão o que você quiser, mesmo antes que você determine; eles cooperarão, mesmo antes que você os determine; e eles seguirão na sua direção conscientemente, mesmo antes que você os ordene.

Você deverá proibir superstições e deverá desfazer rumores e suspeitas entre seus soldados, assim, eles não abandonarão a batalha, mesmo em face da morte.

Os soldados não têm nenhuma riqueza em excesso, porque eles desprezam os bens materiais; eles não temem a morte e não se preocupam com a longevidade.

No dia em que ao exército for ordenado para combater uma batalha decisiva, os soldados poderão sentar e poderão chorar com lágrimas que molham suas roupas, alguns poderão deitar e chorar com lágrimas que fluem pelas suas bochechas. Mas se você os lança em uma situação onde não há nenhum modo para eles se retirarem, eles se mostrarão destemidos e tão valentes quanto Zhuan Zhu ou Cao Gui.

Pesquisas indicam que Zhaun Zhu, sem temer a morte, atacou sozinho, apenas munido de uma faca, o Duque de Huan, recuperando terras que lhe haviam sido tomadas. Cao Gui, criminoso da província de Wu, mesmo sabendo que receberia a pena capital, matou o rei Liao.

A serpente do monte Chang

Aqueles que estão qualificados nas operações militares deverão ser como o shuairan, a serpente de Monte Chang. Se você golpeia sua cabeça, seu rabo lançará um ataque contra você; se você bate em seu rabo, sua cabeça o golpeará; se você bate em seu corpo, ela atacará com sua cabeça e com seu rabo.

Se perguntassem: "Os soldados podem alcançar essa coordenação instantânea como aquela serpente?".

A resposta seria: "Eles podem".

Todo o mundo sabe que as pessoas de Wu e as pessoas de Yue são inimigas, mas se eles viajassem em um mesmo barco apanhado em uma tempestade, eles ajudariam uns aos outros, da mesma maneira que as mãos esquerda e direita cooperam.

Amarrar as pernas dos cavalos de guerra ou prender as rodas das carruagens nunca foram modos fidedignos para se manter os soldados unidos e evitar as deserções do combate.

Manter os soldados empenhados na batalha e dispostos a lutar corajosamente depende de uma boa administração e de bom comando militar.

A exploração correta das situações trará coragem aos soldados e permitirá a exploração das possibilidades das suas tropas.

Um comandante habilidoso deve comandar milhares e milhares de cavalos e homens, como se ele estivesse conduzindo um único homem, que não hesitará em segui-lo.

Para comandar um exército

- Um comandante tem que ter uma mente serena e insondável.
- Ele deve comandar suas tropas de uma maneira imparcial e vertical.
- Ele deve manter os seus oficiais e soldados ignorantes de seus planos militares.
- Ele altera as disposições de suas tropas e seus planos militares sem que qualquer um fique sabendo.
- Ele modifica suas áreas de acampamento, utilizando caminhos diversos, sem que qualquer um se antecipe a sua intenção.
- Um comandante que conduz suas tropas para lutar uma batalha decisiva deve cortar todos os meios de retirada, assim como se joga uma escada para trás, depois que se galga uma altura.
- Quando ele conduz as suas tropas em um reino vizinho, deverá ter o impulso de uma flecha que foi lançada.
- Ele comanda os seus soldados, assim como se faz com um rebanho de ovelhas sem que qualquer um saiba qual o seu destino.
- Ele reúne seu exército inteiro e penetra com ele em situações perigosas.

Isto é o que um chefe deveria fazer.

As táticas variadas de acordo com os tipos de terreno, os movimentos de avanço ou recuo, segundo as condições favoráveis e a observação da natureza humana, é tudo o que um comandante tem que estudar e examinar cuidadosamente.

Para conduzir uma guerra no território inimigo

Quanto mais fundo seus guerreiros penetrarem em território hostil, maior será o espírito deles para lutar;

Quanto menos profundo seus guerreiros penetrarem, menor será a disposição deles para a luta;

Ao cruzar a fronteira para um país vizinho, para um campo de batalha onde não há nenhum modo para soldados retornarem, você está em terreno crítico;

Ao ocupar uma posição que se estende em todas as direções, você entrou em território convergente;

Ao penetrar profundamente no território do inimigo, você entrou em solo crítico;

Ao penetrar uma pequena distância, você está em solo marginal;

Ao deparar-se com um local com terreno áspero na sua parte de trás e uma passagem estreita, você está em terreno cercado;

Ao entrar em uma região onde não há nenhum modo para a retirada, você está em terreno desesperado;

Logo:

Quando você está em terreno dispersivo, você deverá tornar suas tropas unificadas;

Quando você está em um terreno marginal, você deverá manter as tropas compactadas;

Quando você está em terreno contencioso, você deverá acelerar suas tropas de defesa;

Quando você está em terreno aberto, você deverá defender o seu acampamento de forma cuidadosa;

Quando você está em solo convergente, você deverá formar alianças fortes com os governos vizinhos;

Quando você está em terreno crítico, você deverá assegurar um fluxo de meios materiais;

Quando você está em terreno difícil, você deverá ultrapassá-lo apressadamente;

Quando você está em terreno cercado, deverá bloquear os pontos de acesso ou de retirada;

Quando você está em terreno desesperado, você tem que mostrar para seus soldados que não há nenhuma escolha, além de um combate até o último homem.

Psicologia dos soldados

Um comandante tem que conhecer a psicologia dos soldados:

- Eles resistirão, enquanto estiverem cercados;
- Eles lutarão desesperadamente, enquanto estiverem sendo forçados;
- Eles seguirão o comandante quando entrarem em situações perigosas.

Enfatizando

Um comandante que desconhece a intenção dos governantes vizinhos não pode formar alianças com eles; se desconhece os segredos das montanhas, das florestas densas, dos abismos perigosos, dos precipícios e dos pântanos, não poderá mover suas tropas; se não contrata guias nativos, não pode desvendar os terrenos favoráveis; se desconhece as vantagens e desvantagens de várias posições de batalha, não pode comandar um exército que serve um soberano.

Se o exército de um soberano ataca um estado forte, não deve permitir que este estado reúna forças para resistir; e onde quer que tal exército vá, intimida seu inimigo e impede que os seus aliados vão a seu socorro; então um estado com tal exército invencível não precisa buscar alianças com outros estados, nem precisa estabelecer seu poder nestes estados e só confia em sua própria força para intimidar o inimigo, e poderá capturar as cidades do inimigo e destruir o seu estado.

Se ao conduzir um exército de um soberano, você conferir recompensas, independentemente da prática habitual e expedir ordens independentemente do já convencionado, você pode comandar milhares e milhares de cavalos e homens como se estivesse conduzindo um único homem.

...之所以動也

上將軍之所恃而動也

伊勢在夏周之興也呂牙在

殷故惟明君賢將能以上智

之事必以日者在反間故反間不可

之必索敵人之間來間我者因

故鄉間可使知期五間之事

之必素知其守將左右謁者門

必知之知之必在於反間故反

敵人之間來間我者因而利之導而

舍之故反間可得而使也因

是故不用間也間事未發而先

知之而傳于間也間事未發而先

五間俱起莫知其道是謂神紀

人君之寶也故鄉間者因其

所欲擊之城所欲攻之人

之所欲殺必先知其守將

凡軍之所欲擊城之所欲攻

三軍之事莫親於間賞莫厚於間

故明君賢將能以上智為間者

必成大功此兵之要三軍之所

恃而動也

昔殷之興也伊挚在夏周之興也

呂牙在殷故惟明君賢將能以

上智為間者必成大功

光陸御書

Parte interna do livro de bambu chinês de **A Arte da Guerra** *("孫子兵法"), de Sun Tzu.*

Prepare suas tropas para a operação, mas nunca lhes conte de seus planos; empregue-as para obter os pontos vantajosos, mas nunca lhes conte sobre os perigos que a situação de desvantagem acarretaria.

É só lançando um exército para uma posição perigosa que seus soldados perceberão que podem sobreviver; só os colocando em um terreno desesperado que eles perceberão que podem continuar vivos. Apenas quando os soldados forem colocados em perigo é que eles poderão transformar uma derrota em vitória.

O sucesso das operações militares reside na descoberta das intenções do inimigo e no esforço para identificar seus pontos fracos.

Concentre sua força sobre o inimigo e você poderá matar o seu comandante, mesmo se estivesse a uma distância de mil li.

Isto é chamado de "conquistar um objetivo de forma astuta e engenhosa".

Ao declarar guerra

No dia em que for decidida uma declaração de guerra, você deverá fechar todas as passagens, anular os passes de fronteira e encerrar todo o contato com os emissários do inimigo. Cuidadosamente, examine seus planos militares no conselho do templo e tome as decisões.

Se você descobrir o ponto fraco do oponente, você tem que afetá-lo com rapidez. Capture, inicialmente, aquilo que for muito valioso para o inimigo. Não deixe que seja revelada a hora do seu ataque.

Seja sábio para perceber que, para obter a vitória, seus planos devem modificar-se de acordo com as situações do inimigo.

No princípio, assuma a pureza de uma donzela; quando o inimigo lhe abrir os portões, ataque-o tão rapidamente quanto uma lebre arisca. Assim, o inimigo ficará impossibilitado de resistir a você.

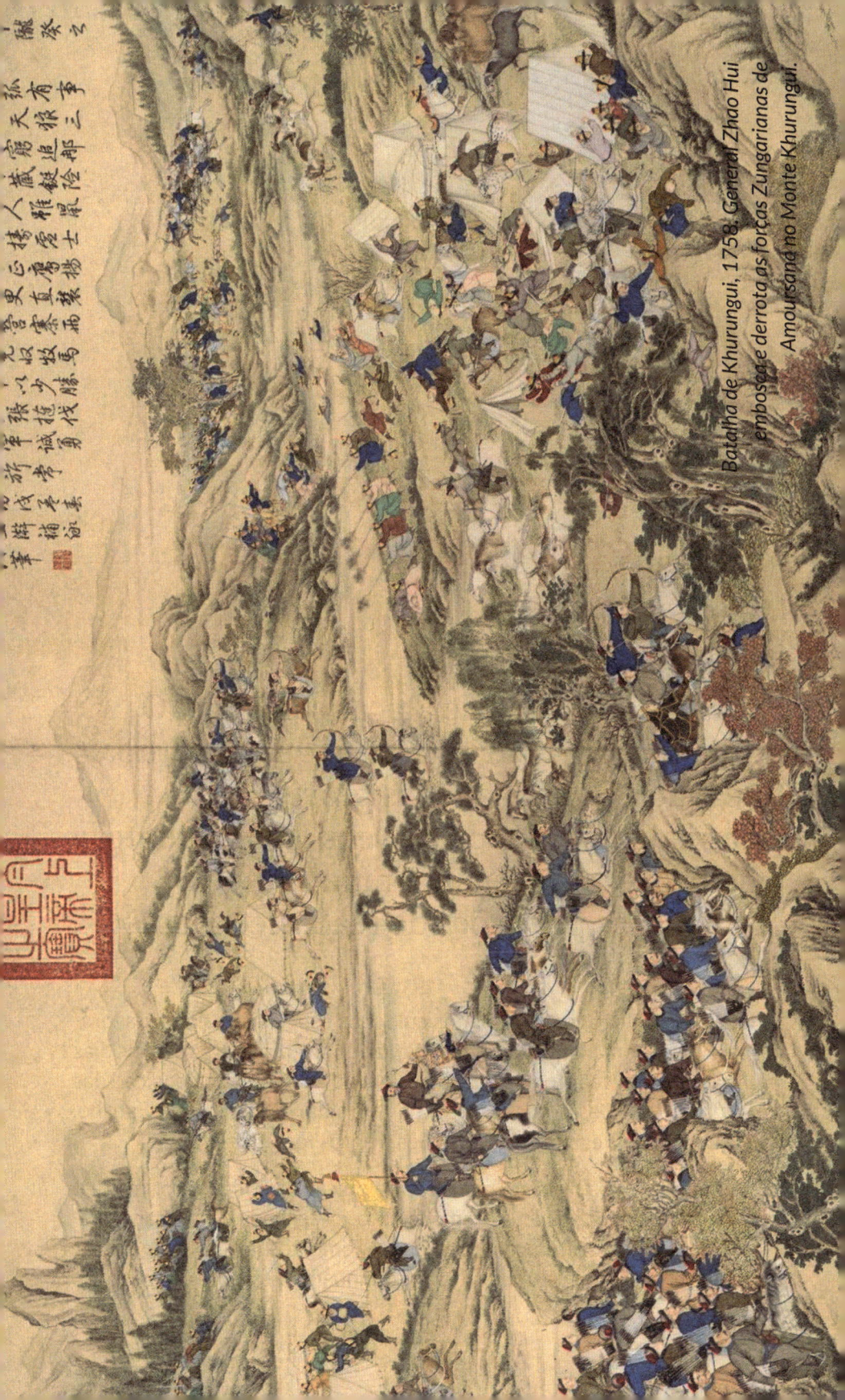

Batalha de Khurungui, 1758. General Zhao Hui embosca e derrota as forças Zungarianas de Amoursana no Monte Khurungui.

CAPÍTULO XII

火攻

Ataques com o emprego de fogo

Sun Tzu disse:

"Há cinco modos de atacar com fogo. O primeiro é queimar o inimigo que se agrupa; o segundo é queimar suas provisões e propriedades; o terceiro, seus equipamentos; o quarto, seus arsenais e munições; e o quinto, suas provisões de reabastecimento."

O ataque pelo fogo exige alguns cuidados especiais. A época favorável para lançar um ataque pelo fogo é quando o tempo está seco; os dias adequados para atear fogo são aqueles em que a lua está na posição das constelações da Cesta dos Ventos, da Muralha, da Asa ou do Estribo. Pois, quando a lua está nessas posições, ventos fortes subirão.

Além disso, existem cinco maneiras de atacar com fogo. A primeira é queimar os soldados em seus acampamentos; a segunda é queimar armazéns; a terceira é queimar comboios de mantimentos; a quarta é queimar arsenais e paióis; a quinta é lançar fogo, continuamente, sobre o inimigo.

Condutas apropriadas

Quando atacar pelo fogo, o combate deve ser conduzido de modo apropriado, de acordo com as situações diferentes causadas pelos cinco tipos de ataque pelo fogo.

Quando o fogo atingir o acampamento do inimigo, você deverá coordenar sua ação com antecedência e do lado de fora. Porém, quando o acampamento do inimigo está em chamas, e os seus soldados ainda permanecem tranquilos, então, você deverá esperar e não lançar o ataque. Quando as chamas ganharem altura, se conseguir atravessá-las, você poderá atacar; se não puder atravessá-las, permaneça em sua posição.

Quando o fogo for ateado, estando você fora do acampamento do inimigo, você não deverá entrar nos seus limites, mas aguardar o momento certo. Se você iniciar o fogo antes da linha do vento, nunca ataque contra o vento. É provável que o vento que soprou constantemente durante o dia se acalme à noite.

Momento oportuno

Qualquer exército deve saber sobre as diversas situações com relação aos cinco tipos de ataque pelo fogo e tem que continuar esperando pelo momento oportuno.

Assim, um comandante que usa o fogo para apoiar o seu ataque terá a certeza da vitória; ele que usa a água para apoiar o seu ataque é forte. A água pode bloquear o avanço do inimigo, mas não pode privá-lo de suas provisões.

Ganhar uma batalha, capturar o espólio, mas não consolidar tais realizações prediz perigo. Porque é um desperdício de tempo e de esforço.

Um soberano iluminado estuda deliberadamente a situação e um bom comandante lida cuidadosamente com ela. Se não é vantajoso, nunca envie suas tropas; se não lhe rende ganhos, nunca utilize seus homens; se não é uma situação perigosa, nunca lute uma batalha precipitada.

Um soberano não deve empreender uma guerra num ataque de ira; nem deve enviar suas tropas num momento de indignação. Quando a situação lhe for favorável, entre em ação; quando for desfavorável, não aja. Deve ser entendido que um momento de fúria passará, e aquele que está indignado voltará a ser honrado, mas um Estado que pereceu nunca poderá ser reavivado, nem um homem que morreu poderá ser ressuscitado.

Os cinco desdobramentos relacionados com fogo devem ser conhecidos, os movimentos das estrelas calculados e um observador colocado para os dias adequados.

Quem usa fogo como uma ajuda ao ataque demonstra inteligência. Quem usa água consegue aumentar sua força. Por meio da água, um inimigo pode ser interceptado, mas dificilmente derrotado.

Um soberano iluminado deve dirigir os assuntos de guerra com prudência e uma guerra com precaução. Este é o caminho que mantém o Estado em paz e em segurança, e o exército intacto.

Vila ancestral chinesa.

Lâminas de batalha chinesas, datadas entre 475 - 221 a.C.

CAPÍTULO XIII

用間

Utilização de agentes secretos

Sun Tzu disse:

"Adversários podem enfrentar-se durante anos, lutando pela vitória, que é decidida num só dia. Continuar na ignorância da condição do inimigo, apenas porque alguém se recusa a desembolsar uma centena de onças de prata em honras e recompensas, é o cúmulo da desumanidade."

Quando um exército com cem mil homens é enviado para uma guerra a uma distância de mil *li*, o povo e os cofres públicos têm que gastar mil barras de ouro todos os dias para sustentá-lo. Haverá agitações internas e no estrangeiro, e muitas pessoas vagarão pelas estradas. Aproximadamente setecentas mil famílias estarão impossibilitadas de trabalhar nos campos.

Nesta época, oito famílias formavam uma comunidade. Quando uma família enviava um homem para se unir ao exército, as sete famílias contribuíam para seu apoio. Portanto, quando um exército de cem mil foi mobilizado, foram cem mil famílias que deram seus filhos e, por conseguinte, setecentas mil famílias ficaram com a incumbência de apoiá-los.

Se um comandante se ilude com a concessão de patentes superiores, honras e cem barras de ouro e desconhece a situação do inimigo, não é um bom conselheiro, e não é um senhor da vitória.

Se um soberano iluminado e seu comandante obtêm a vitória sempre que entram em ação e alcançam feitos extraordinários, é porque eles detêm o conhecimento prévio e podem antever o desenrolar de uma guerra.

Este conhecimento prévio, no entanto, não pode ser obtido por meio de fantasmas e de espíritos, nem pode ser obtido com base em experiências análogas, muito menos ser deduzido com base em cálculos das posições do sol e da lua. Deve ser obtido das pessoas que, claramente, conhecem as situações do inimigo.

O comandante que souber infiltrar espiões nas cidades e nos vilarejos inimigos, em breve, terá ali muitas pessoas inteiramente devotadas. Conhecerá, por seu intermédio, as disposições da maioria em relação à sua tropa.

Esses espiões sugerirão a maneira e os meios que se deve empregar para conquistar a população local. Assim, quando chegar o momento de efetuar o cerco, poderá vencer sem dar o assalto, sem desferir nenhum golpe, sem desembainhar a espada.

Tipos de espiões

Há cinco tipos de espiões que podem ser utilizados: espião nativo, espião interno, espião convertido, espião descartável e espião indispensável.

Quando você emprega os cinco tipos de espiões simultaneamente, o inimigo não consegue desvendar os métodos de operação. É extremamente complicada e se torna uma arma mágica para o soberano derrotar seu inimigo.

Os cinco tipos de espiões são:

1. Espiões nativos ou locais são os próprios aldeãos do inimigo.

2. Espiões internos são os próprios funcionários do inimigo.

3. Espiões convertidos são os espiões do inimigo que nos prestam informações.

4. Espiões descartáveis são os nossos próprios agentes secretos que obtêm deliberadamente falsas informações sobre a nossa situação e as passa ao inimigo. Normalmente eles seriam apanhados e condenados à morte.

5. Espiões indispensáveis são os que trafegam entre o inimigo e nós, e retornam com informações seguras sobre o inimigo.

Como empregar os espiões

Somente o comandante mais astuto sabe como empregar os espiões.

Somente o comandante humanitário e justo sabe como empregar os espiões.

Somente o comandante alerta e sutil sabe como obter informação verdadeira dos espiões.

Sutil realmente! Verdadeiramente sutil! Não há nenhum lugar onde a espionagem não seja possível. Se um plano secreto for divulgado prematuramente, o espião e todas as pessoas com as quais ele falou serão condenadas à morte.

Quem planeja golpear as tropas de um inimigo, ou atacar suas cidades, ou assassinar o comandante inimigo, deve descobrir, inicialmente, o nome do chefe da guarnição de defesa, seu ajudante de campo, seus conselheiros, suas sentinelas e seus guarda-costas. Em seguida, é importante orientar seus espiões para que investiguem estes detalhes.

A estratégia consiste em averiguar sobre os espiões inimigos que foram enviados para espioná-lo. Suborne-os, exorte-os e convença-os a lhe servir. Eles podem ser convertidos e trabalharão para o seu lado.

Por intermédio destes espiões convertidos, conseguirá obter informações sobre o inimigo e poderá recrutar os espiões nativos e os espiões internos. Deve empregar seus espiões descartáveis para entregar falsas informações sobre seu exército para o inimigo. Da mesma maneira, é com base nessas informações obtidas que os nossos espiões indispensáveis poderão completar suas missões na hora oportuna.

Um soberano deve saber usar os cinco tipos de espiões. Toda a base do serviço de espionagem recai sobre os espiões convertidos, portanto, esses devem ser recompensados generosamente.

Só o governante esclarecido e o comandante habilidoso, que forem capazes de recrutar os homens inteligentes como espiões, realizarão grandes tarefas.

O uso de espiões é essencial na guerra, e o exército depende desse serviço nos seus movimentos.

Sun Tzu disse:

"A arte da guerra é de importância vital para o Estado. É uma questão de vida ou morte, um caminho tanto para a segurança como para a ruína de um país. Por isso, em nenhuma circunstância deve ser negligenciada..."

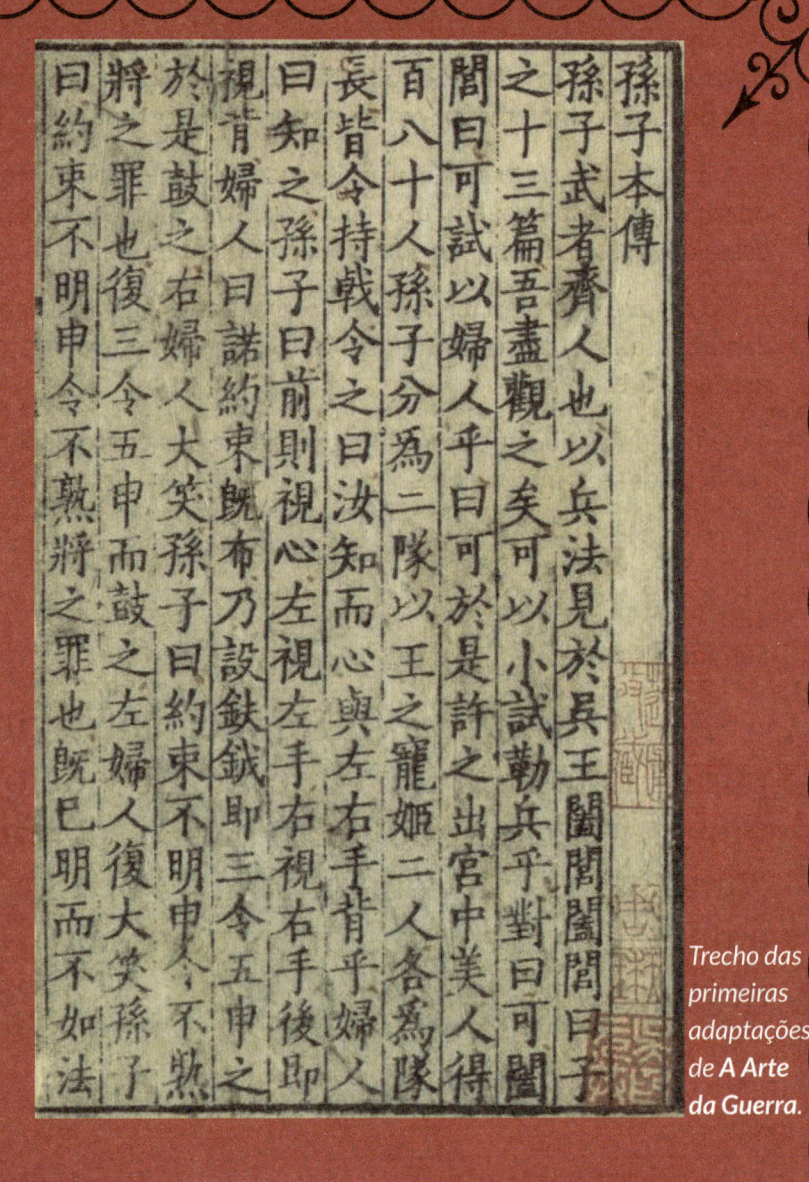

孫子本傳
孫子武者齊人也以兵法見於吳王闔閭閭曰子
之十三篇吾盡觀之矣可以小試勒兵乎對曰可闔
閭曰可試以婦人乎曰可於是許之出宮中美人得
百八十人孫子分為二隊以王之寵姬二人各為隊
長皆令持戟令之曰汝知而心與左右手背乎婦人
曰知之孫子曰前則視心左視左手右視右手後即
視背婦人曰諾約束既布乃設鈇鉞即三令五申之
於是鼓之右婦人大笑孫子曰約束不明申令不熟
將之罪也復三令五申而鼓之左婦人復大笑孫子
曰約束不明申令不熟將之罪也既已明而不如法
者吏士之罪也

Trecho das primeiras adaptações de **A Arte da Guerra**.

DIRECIONE A CÂMERA DO SEU CELULAR
PARA ESTE QR CODE E ACESSE O AUDIOBOOK
DESTE LIVRO. REQUER INTERNET.